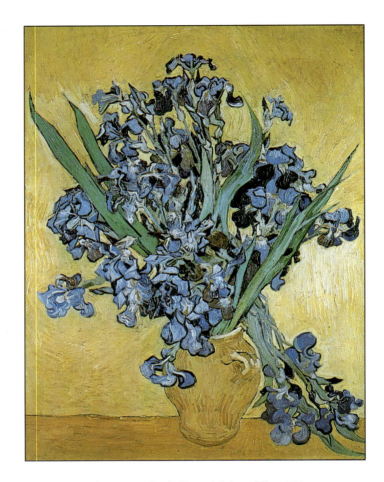

Vincent van Gogh, Vase mit Schwertlilien, 1890

AGENDA 1990

Johann Heinrich Döll Verlag, Bremen

1990

Januar	Februar	März	April	Mai	Juni
1 Neujahr 1.	1 Do	1 Do	1 Sonntag	1 Maifeiertag	1 Fr
2 Di	2 Fr	2 Fr	2 Mo 14.	2 Mi	2 Sa
3 Mi	3 Sa	3 Sa	3 Di	3 Do	3 Pfingsten
4 Do	4 Sonntag	4 Sonntag	4 Mi	4 Fr	4 Pfingstmontag
5 Fr	5 Mo 6.	5 Mo 10.	5 Do	5 Sa	5 Di 23.
6 Epiphanias*	6 Di	6 Di	6 Fr	6 Sonntag	6 Mi
7 Sonntag	7 Mi	7 Mi	7 Sa	7 Mo 19.	7 Do
8 Mo 2.	8 Do	8 Do	8 Sonntag	8 Di	8 Fr
9 Di	9 Fr	9 Fr	9 Mo 15.	9 Mi	9 Sa
10 Mi	10 Sa	10 Sa	10 Di	10 Do	10 Sonntag
11 Do	11 Sonntag	11 Sonntag	11 Mi	11 Fr	11 Mo 24.
12 Fr	12 Mo 7.	12 Mo 11.	12 Do	12 Sa	12 Di
13 Sa	13 Di	13 Di	13 Karfreitag	13 Muttertag	13 Mi
14 Sonntag	14 Mi	14 Mi	14 Sa	14 Mo 20.	14 Fronleichnam*
15 Mo 3.	15 Do	15 Do	15 Ostern	15 Di	15 Fr
16 Di	16 Fr	16 Fr	16 Ostermontag 16.	16 Mi	16 Sa
17 Mi	17 Sa	17 Sa	17 Di	17 Do	17 Ges. Feiertag
18 Do	18 Sonntag	18 Sonntag	18 Mi	18 Fr	18 Mo 25.
19 Fr	19 Mo 8.	19 Mo 12.	19 Do	19 Sa	19 Di
20 Sa	20 Di	20 Di	20 Fr	20 Sonntag	20 Mi
21 Sonntag	21 Mi	21 Mi	21 Sa	21 Mo 21.	21 Do
22 Mo 4.	22 Do	22 Do	22 Sonntag	22 Di	22 Fr
23 Di	23 Fr	23 Fr	23 Mo 17.	23 Mi	23 Sa
24 Mi	24 Sa	24 Sa	24 Di	24 Chr. Himmelfahrt	24 Sonntag
25 Do	25 Sonntag	25 Sonntag	25 Mi	25 Fr	25 Mo 26.
26 Fr	26 Mo 9.	26 Mo 13.	26 Do	26 Sa	26 Di
27 Sa	27 Fastnacht	27 Di	27 Fr	27 Sonntag	27 Mi
28 Sonntag	28 Aschermittwoch	28 Mi	28 Sa	28 Mo 22.	28 Do
29 Mo 5.		29 Do	29 Sonntag	29 Di	29 Fr
30 Di		30 Fr	30 Mo 18.	30 Mi	30 Sa
31 Mi		31 Sa		31 Do	

* Gesetzlicher Feiertag in Baden-Württemberg und Bayern

* Gesetzl. Feiertag in Baden-Württemberg, Bayern, Hessen, Nordrhein-Westfalen, Rheinland-Pfalz und im Saarland

1990

Juli	August	September	Oktober	November	Dezember
1 Sonntag	1 Mi	1 Sa	1 Mo 40.	1 Allerheiligen*	1 Sa
2 Mo 27.	2 Do	2 Sonntag	2 Di	2 Allerseelen	2 1. Advent
3 Di	3 Fr	3 Mo 36.	3 Mi	3 Sa	3 Mo 49.
4 Mi	4 Sa	4 Di	4 Do	4 Sonntag	4 Di
5 Do	5 Sonntag	5 Mi	5 Fr	5 Mo 45.	5 Mi
6 Fr	6 Mo 32.	6 Do	6 Sa	6 Di	6 Do
7 Sa	7 Di	7 Fr	7 Sonntag	7 Mi	7 Fr
8 Sonntag	8 Mi	8 Sa	8 Mo 41.	8 Do	8 Sa
9 Mo 28.	9 Do	9 Sonntag	9 Di	9 Fr	9 2. Advent
10 Di	10 Fr	10 Mo 37.	10 Mi	10 Sa	10 Mo 50.
11 Mi	11 Sa	11 Di	11 Do	11 Sonntag	11 Di
12 Do	12 Sonntag	12 Mi	12 Fr	12 Mo 46.	12 Mi
13 Fr	13 Mo 33.	13 Do	13 Sa	13 Di	13 Do
14 Sa	14 Di	14 Fr	14 Sonntag	14 Mi	14 Fr
15 Sonntag	15 Mariä Himmelf.*	15 Sa	15 Mo 42.	15 Do	15 Sa
16 Mo 29.	16 Do	16 Sonntag	16 Di	16 Fr	16 3. Advent
17 Di	17 Fr	17 Mo 38.	17 Mi	17 Sa	17 Mo 51.
18 Mi	18 Sa	18 Di	18 Do	18 Volkstrauertag	18 Di
19 Do	19 Sonntag	19 Mi	19 Fr	19 Mo 47.	19 Mi
20 Fr	20 Mo 34.	20 Do	20 Sa	20 Di	20 Do
21 Sa	21 Di	21 Fr	21 Sonntag	21 Buß- und Bettag	21 Fr
22 Sonntag	22 Mi	22 Sa	22 Mo 43.	22 Do	22 Sa
23 Mo 30.	23 Do	23 Sonntag	23 Di	23 Fr	23 Sonntag
24 Di	24 Fr	24 Mo 39.	24 Mi	24 Sa	24 Heiliger Abend
25 Mi	25 Sa	25 Di	25 Do	25 Totensonntag	25 1. Weihnachtstag
26 Do	26 Sonntag	26 Mi	26 Fr	26 Mo 48.	26 2. Weihnachtstag
27 Fr	27 Mo 35.	27 Do	27 Sa	27 Di	27 Do
28 Sa	28 Di	28 Fr	28 Sonntag	28 Mi	28 Fr
29 Sonntag	29 Mi	29 Sa	29 Mo 44.	29 Do	29 Sa
30 Mo 31.	30 Do	30 Erntedank	30 Di	30 Fr	30 Sonntag
31 Di	31 Fr		31 Reformationstag		31 Mo

* Gesetzlicher Feiertag im Saarland und in überwiegend katholischen Gemeinden Bayerns

* Gesetzl. Feiertag in Baden-Württemberg, Bayern, Hessen, Nordrhein-Westfalen, Rheinland-Pfalz und im Saarland

A. Brouet
Der Akrobat

JANUAR

Montag Monday Neujahr	Dienstag Tuesday	Mittwoch Wednesday
1	*2*	*3*
Donnerstag Thursday	Freitag Friday	Samstag Saturday Epiphanias
4	*5*	*6*
		Sonntag Sunday *7*

1. Woche *JANUARY*

Edvard Munch
Vier Mädchen auf der Brücke, 1905
© Oslo Kommunes Kunstsamlinger, Munchforlaget A/S

JANUAR

Montag / Monday **8**	Dienstag / Tuesday **9**	Mittwoch / Wednesday **10**
Donnerstag / Thursday **11**	Freitag / Friday **12**	Samstag / Saturday **13** Sonntag / Sunday **14**

2. Woche — *JANUARY*

JANUAR

August Macke
Landschaft mit Kühen und Kamel, 1914

Montag / Monday **15**	Dienstag / Tuesday **16**	Mittwoch / Wednesday **17**
Donnerstag / Thursday **18**	Freitag / Friday **19**	Samstag / Saturday **20** Sonntag / Sunday **21**

JANUARY — *3. Woche*

Aus der französischen Zeitschrift
„Le Charivari", um 1850

JANUAR

| Montag / Monday **22** | Dienstag / Tuesday **23** | Mittwoch / Wednesday **24** |
| Donnerstag / Thursday **25** | Freitag / Friday **26** | Samstag / Saturday **27**

 Sonntag / Sunday **28** |

4. Woche

JANUARY

August Macke
Pierrot, 1913

JANUAR · FEBRUAR

| Montag / Monday **29** | Dienstag / Tuesday **30** | Mittwoch / Wednesday **31** |
| Donnerstag / Thursday **1** | Freitag / Friday **2** | Samstag / Saturday **3** — Sonntag / Sunday **4** |

5. Woche

JANUARY · FEBRUARY

Franz Marc
Wald mit Eichhörnchen, 1913

FEBRUAR

Montag / Monday 5	Dienstag / Tuesday 6	Mittwoch / Wednesday 7
Donnerstag / Thursday 8	Freitag / Friday 9	Samstag / Saturday 10 Sonntag / Sunday 11

6. Woche *FEBRUARY*

FEBRUAR

Montag Monday *12*	Dienstag Tuesday *13*	Mittwoch Wednesday *14*	Valentinstag
Donnerstag Thursday *15*	Freitag Friday *16*	Samstag Saturday *17* Sonntag Sunday *18*	

FEBRUARY *7. Woche*

FEBRUAR

| Montag / Monday **19** | Dienstag / Tuesday **20** | Mittwoch / Wednesday **21** |

| Donnerstag / Thursday **22** | Freitag / Friday **23** | Samstag / Saturday **24** — Sonntag / Sunday **25** |

8. Woche — *FEBRUARY*

Edgar Degas
Musiker im Orchester, 1872

FEBRUAR · MÄRZ

Montag Monday *26*	Dienstag Tuesday *27* Fastnacht	Mittwoch Wednesday *28* Aschermittwoch
Donnerstag Thursday *1*	Freitag Friday *2*	Samstag Saturday *3* Sonntag Sunday *4*

9. Woche   *FEBRUARY · MARCH*

MÄRZ

Alexej Jawlensky
Mädchen mit Pfingstrosen, 1909 (Ausschnitt)
© 1989, Copyright by Cosmopress, Genf

Montag / Monday **5**	Dienstag / Tuesday **6**	Mittwoch / Wednesday **7**
Donnerstag / Thursday **8**	Freitag / Friday **9**	Samstag / Saturday **10** Sonntag / Sunday **11**

MARCH *10. Woche*

Canaletto
Himmelfahrtsfeier in Venedig, 1766

MÄRZ

Montag / Monday *12*	Dienstag / Tuesday *13*	Mittwoch / Wednesday *14*
Donnerstag / Thursday *15*	Freitag / Friday *16*	Samstag / Saturday *17* Sonntag / Sunday *18*

11. Woche

MARCH

Hendrick Terbrugghen
Flötenspieler in gestreiftem Gewand, 1621

MÄRZ

Montag / Monday **19**	Dienstag / Tuesday **20**	Mittwoch / Wednesday **21**
Donnerstag / Thursday **22**	Freitag / Friday **23**	Samstag / Saturday **24** Sonntag / Sunday **25**

12. Woche   *MARCH*

Jean-François Millet
Der Frühling, 1868-73

MÄRZ · APRIL

Montag / Monday *26*	Dienstag / Tuesday *27*	Mittwoch / Wednesday *28*
Donnerstag / Thursday *29*	Freitag / Friday *30*	Samstag / Saturday *31* Sonntag / Sunday *1*

13. Woche — *MARCH · APRIL*

APRIL

Montag / Monday **2**	Dienstag / Tuesday **3**	Mittwoch / Wednesday **4**
Donnerstag / Thursday **5**	Freitag / Friday **6**	Samstag / Saturday **7** Sonntag / Sunday **8** — Palmsonntag

APRIL — 14. Woche

APRIL

| Montag Monday *9* | Dienstag Tuesday *10* | Mittwoch Wednesday *11* |

| Donnerstag Thursday *12* | Freitag   Karfreitag Friday *13* | Samstag Saturday *14* Sonntag   Ostern Sunday *15* |

15. Woche *APRIL*

Erich Heckel
Dorftanz, 1908, Nationalgalerie Berlin
© Nachlaß Erich Heckel, 7766 Hemmenhofen

APRIL

Montag / Monday Ostern	Dienstag / Tuesday	Mittwoch / Wednesday
16	*17*	*18*
Donnerstag / Thursday	Freitag / Friday	Samstag / Saturday
19	*20*	*21*
		Sonntag / Sunday *22*

16. Woche *APRIL*

APRIL

Paula Modersohn-Becker
Mädchenbildnis, um 1905

Montag / Monday **23**	Dienstag / Tuesday **24**	Mittwoch / Wednesday **25**
Donnerstag / Thursday **26**	Freitag / Friday **27**	Samstag / Saturday **28** Sonntag / Sunday **29**

APRIL   *17. Woche*

APRIL · MAI

Montag Monday *30*	Dienstag Tuesday Maifeiertag *1*	Mittwoch Wednesday *2*
Donnerstag Thursday *3*	Freitag Friday *4*	Samstag Saturday *5* Sonntag Sunday *6*

APRIL · MAY   *18. Woche*

MAI

Montag / Monday *7*	Dienstag / Tuesday *8*	Mittwoch / Wednesday *9*
Donnerstag / Thursday *10*	Freitag / Friday *11*	Samstag / Saturday *12* Sonntag / Sunday *13* Muttertag

19. Woche *MAY*

August Macke (1887-1914)
Landschaft

MAI

Montag / Monday *14*	Dienstag / Tuesday *15*	Mittwoch / Wednesday *16*
Donnerstag / Thursday *17*	Freitag / Friday *18*	Samstag / Saturday *19* Sonntag / Sunday *20*

20. Woche

MAY

Peter Paul Rubens (1577-1640)
Negerköpfe

MAI

Montag / Monday 21	Dienstag / Tuesday 22	Mittwoch / Wednesday 23
Donnerstag / Thursday 24 — Christi Himmelfahrt	Freitag / Friday 25	Samstag / Saturday 26 — Sonntag / Sunday 27

21. Woche — *MAY*

MAI · JUNI

Montag / Monday **28**	Dienstag / Tuesday **29**	Mittwoch / Wednesday **30**
Donnerstag / Thursday **31**	Freitag / Friday **1**	Samstag / Saturday **2** Sonntag / Sunday **3** — Pfingsten

MAY · JUNE   22. Woche

JUNI

Montag Monday Pfingsten	Dienstag Tuesday	Mittwoch Wednesday
4	*5*	*6*
Donnerstag Thursday	Freitag Friday	Samstag Saturday
7	*8*	*9*
		Sonntag Sunday
		10

23. Woche *JUNE*

Winslow Homer
Nassau, 1899

JUNI

Montag / Monday *11*	Dienstag / Tuesday *12*	Mittwoch / Wednesday *13*
Donnerstag / Thursday *14* Fronleichnam	Freitag / Friday *15*	Samstag / Saturday *16* Sonntag / Sunday *17* Ges. Feiertag

24. Woche

JUNE

JUNI

Wilhelm Leibl
Der Maler Charles Schuch, 1875

Montag / Monday *18*	Dienstag / Tuesday *19*	Mittwoch / Wednesday *20*
Donnerstag / Thursday *21*	Freitag / Friday *22*	Samstag / Saturday *23* Sonntag / Sunday *24*

JUNE   25. Woche

JUNI · JULI

Montag Monday *25*	Dienstag Tuesday *26*	Mittwoch Wednesday *27*
Donnerstag Thursday *28*	Freitag Friday *29*	Samstag Saturday *30* Sonntag Sunday *1*

JUNE · JULY   *26. Woche*

JULI

Montag Monday *2*	Dienstag Tuesday *3*	Mittwoch Wednesday *4*
Donnerstag Thursday *5*	Freitag Friday *6*	Samstag Saturday *7* Sonntag Sunday *8*

27. Woche *JULY*

Franz Lenbach
Der rote Schirm, um 1860

JULI

Montag Monday *9*	Dienstag Tuesday *10*	Mittwoch Wednesday *11*
Donnerstag Thursday *12*	Freitag Friday *13*	Samstag Saturday *14* Sonntag Sunday *15*

28. Woche *JULY*

Edouard Manet
Die Barke, 1875

JULI

Montag / Monday *16*	Dienstag / Tuesday *17*	Mittwoch / Wednesday *18*
Donnerstag / Thursday *19*	Freitag / Friday *20*	Samstag / Saturday *21* — Sonntag / Sunday *22*

29. Woche

JULY

JULI

Montag / Monday **23**	Dienstag / Tuesday **24**	Mittwoch / Wednesday **25**
Donnerstag / Thursday **26**	Freitag / Friday **27**	Samstag / Saturday **28** Sonntag / Sunday **29**

JULY 30. Woche

JULI · AUGUST

Montag / Monday **30**	Dienstag / Tuesday **31**	Mittwoch / Wednesday **1**
Donnerstag / Thursday **2**	Freitag / Friday **3**	Samstag / Saturday **4** Sonntag / Sunday **5**

31. Woche — *JULY · AUGUST*

Paul Cézanne
Die Kartenspieler, um 1892

AUGUST

Montag / Monday **6**	Dienstag / Tuesday **7**	Mittwoch / Wednesday **8**
Donnerstag / Thursday **9**	Freitag / Friday **10**	Samstag / Saturday **11** Sonntag / Sunday **12**

32. Woche *AUGUST*

AUGUST

Vincent van Gogh
Das gelbe Haus, 1888

Montag / Monday **13**	Dienstag / Tuesday **14**	Mittwoch / Wednesday **15** — Mariä Himmelfahrt
Donnerstag / Thursday **16**	Freitag / Friday **17**	Samstag / Saturday **18** Sonntag / Sunday **19**

AUGUST — *33. Woche*

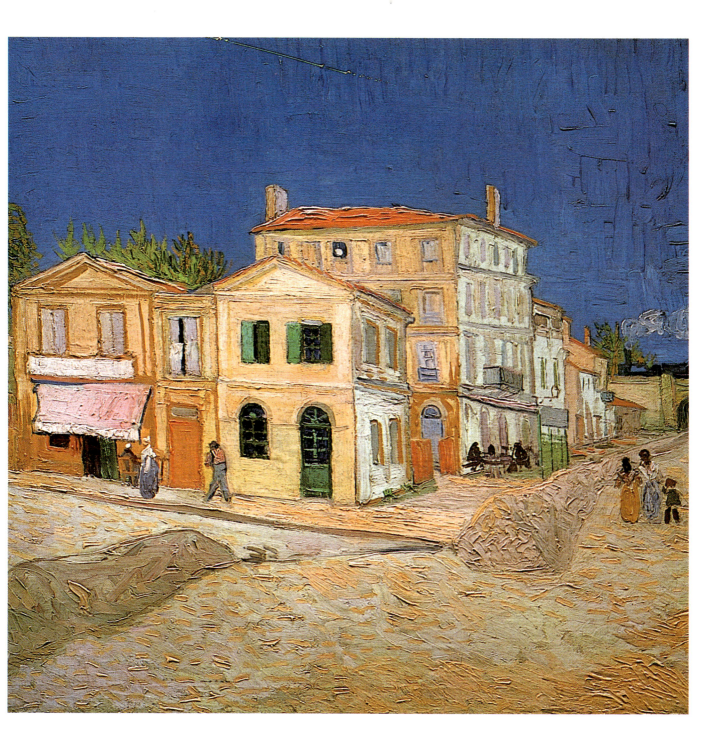

Rembrandt Harmensz van Rijn
„De Omval", 1645

AUGUST

Montag Monday *20*	Dienstag Tuesday *21*	Mittwoch Wednesday *22*
Donnerstag Thursday *23*	Freitag Friday *24*	Samstag Saturday *25* Sonntag Sunday *26*

34. Woche   *AUGUST*

Edgar Degas
Die Büglerin, 1869

AUGUST · SEPTEMBER

Montag / Monday **27**	Dienstag / Tuesday **28**	Mittwoch / Wednesday **29**
Donnerstag / Thursday **30**	Freitag / Friday **31**	Samstag / Saturday **1** Sonntag / Sunday **2**

35. Woche   *AUGUST · SEPTEMBER*

Winslow Homer
Eine Sommernacht, 1890

SEPTEMBER

Montag / Monday **3**	Dienstag / Tuesday **4**	Mittwoch / Wednesday **5**
Donnerstag / Thursday **6**	Freitag / Friday **7**	Samstag / Saturday **8** Sonntag / Sunday **9**

36. Woche *SEPTEMBER*

SEPTEMBER

Montag / Monday **10**	Dienstag / Tuesday **11**	Mittwoch / Wednesday **12**
Donnerstag / Thursday **13**	Freitag / Friday **14**	Samstag / Saturday **15** Sonntag / Sunday **16**

SEPTEMBER — 37. Woche

SEPTEMBER

Montag / Monday **17**	Dienstag / Tuesday **18**	Mittwoch / Wednesday **19**
Donnerstag / Thursday **20**	Freitag / Friday **21**	Samstag / Saturday **22** Sonntag / Sunday **23**

38. Woche — SEPTEMBER

Paul Gauguin
„La Barrière", 1889

SEPTEMBER

Montag / Monday **24**	Dienstag / Tuesday **25**	Mittwoch / Wednesday **26**
Donnerstag / Thursday **27**	Freitag / Friday **28**	Samstag / Saturday **29** Sonntag / Sunday **30** — Erntedanktag

39. Woche — *SEPTEMBER*

OKTOBER

Odilon Redon
Béatrice, um 1905

Montag / Monday	Dienstag / Tuesday	Mittwoch / Wednesday
1	*2*	*3*

Donnerstag / Thursday	Freitag / Friday	Samstag / Saturday
4	*5*	*6*
		Sonntag / Sunday *7*

OCTOBER Reservieren Sie sich jetzt Ihre neue „Artline" Agenda für 1991. Sehen Sie dazu die letzte Seite. *40. Woche*

OKTOBER

Montag / Monday 8	Dienstag / Tuesday 9	Mittwoch / Wednesday 10
Donnerstag / Thursday 11	Freitag / Friday 12	Samstag / Saturday 13 Sonntag / Sunday 14

OCTOBER *41. Woche*

OKTOBER

Montag Monday *15*	Dienstag Tuesday *16*	Mittwoch Wednesday *17*
Donnerstag Thursday *18*	Freitag Friday *19*	Samstag Saturday *20* Sonntag Sunday *21*

42. Woche — *OCTOBER*

Johannes Vermeer
Mädchen mit rotem Hut, um 1655

OKTOBER

Montag / Monday **22**	Dienstag / Tuesday **23**	Mittwoch / Wednesday **24**
Donnerstag / Thursday **25**	Freitag / Friday **26**	Samstag / Saturday **27** Sonntag / Sunday **28**

43. Woche *OCTOBER*

Alfred Sisley (1839-1899)
Seine-Ufer im Herbst

OKTOBER · NOVEMBER

Montag / Monday **29**	Dienstag / Tuesday **30**	Mittwoch / Wednesday **31** — Reformationstag
Donnerstag / Thursday **1** — Allerheiligen	Freitag / Friday **2** — Allerseelen	Samstag / Saturday **3** Sonntag / Sunday **4**

44. Woche OCTOBER · NOVEMBER

Henri de Toulouse-Lautrec
„Folies Bergères", 1895

NOVEMBER

Montag / Monday *5*	Dienstag / Tuesday *6*	Mittwoch / Wednesday *7*
Donnerstag / Thursday *8*	Freitag / Friday *9*	Samstag / Saturday *10* Sonntag / Sunday *11*

45. Woche *NOVEMBER*

Paul Cézanne
Madame Cézanne, um 1890

NOVEMBER

Montag / Monday *12*	Dienstag / Tuesday *13*	Mittwoch / Wednesday *14*
Donnerstag / Thursday *15*	Freitag / Friday *16*	Samstag / Saturday *17* Sonntag / Sunday *18* — Volkstrauertag

46. Woche — *NOVEMBER*

NOVEMBER

Henri de Toulouse-Lautrec
Die Theaterloge, 1897

Montag / Monday **19**	Dienstag / Tuesday **20**	Mittwoch / Wednesday **21** — Buß- und Bettag
Donnerstag / Thursday **22**	Freitag / Friday **23**	Samstag / Saturday **24** Sonntag / Sunday **25** — Totensonntag

NOVEMBER — *47. Woche*

Vincent van Gogh
Hütten in Saintes-Maries, 1888

NOVEMBER · DEZEMBER

| Montag / Monday **26** | Dienstag / Tuesday **27** | Mittwoch / Wednesday **28** |

| Donnerstag / Thursday **29** | Freitag / Friday **30** | Samstag / Saturday **1** |

Sonntag / Sunday **2** — 1. Advent

48. Woche

NOVEMBER · DECEMBER

Edouard Manet
„La serveuse de bocks", 1878-79

DEZEMBER

| Montag / Monday **3** | Dienstag / Tuesday **4** | Mittwoch / Wednesday **5** |

Donnerstag / Thursday **6** — Nikolaus

Freitag / Friday **7**

Samstag / Saturday **8**

Sonntag / Sunday **9** — 2. Advent

49. Woche

DECEMBER

Paul Gauguin
„Les Alyscamps", 1888

DEZEMBER

| Montag / Monday *10* | Dienstag / Tuesday *11* | Mittwoch / Wednesday *12* |

| Donnerstag / Thursday *13* | Freitag / Friday *14* | Samstag / Saturday *15* |
| | | Sonntag / Sunday *16* — 3. Advent |

50. Woche — *DECEMBER*

Henri de Toulouse-Lautrec
„Au Bar Picton, Rue Scribe", 1895

DEZEMBER

Montag / Monday *17*	Dienstag / Tuesday *18*	Mittwoch / Wednesday *19*
Donnerstag / Thursday *20*	Freitag / Friday *21*	Samstag / Saturday *22* Sonntag / Sunday *23*

51. Woche *DECEMBER*

Franz Marc
Reh im Klostergarten, 1912

DEZEMBER

Montag / Monday **24** — Heiliger Abend	Dienstag / Tuesday **25** — Weihnachten	Mittwoch / Wednesday **26** — Weihnachten
Donnerstag / Thursday **27**	Freitag / Friday **28**	Samstag / Saturday **29** Sonntag / Sunday **30**

52. Woche   *DECEMBER*

DEZEMBER · JANUAR

Montag Monday Silvester 31	Dienstag Tuesday Neujahr 1	Mittwoch Wednesday 2
Donnerstag Thursday 3	Freitag Friday 4	Samstag Saturday 5 Sonntag Sunday Epiphanias 6

DECEMBER · JANUARY *1. Woche*

KALENDER 1991

Januar
Wo	1	2	3	4	5
Mo		7	14	21	28
Di	**1**	8	15	22	29
Mi	2	9	16	23	30
Do	3	10	17	24	31
Fr	4	11	18	25	
Sa	5	12	19	26	
So	**6**	**13**	**20**	**27**	

Februar
Wo	5	6	7	8	9
Mo		4	11	18	25
Di		5	12	19	26
Mi		6	13	20	27
Do		7	14	21	28
Fr	1	8	15	22	
Sa	2	9	16	23	
So	**3**	**10**	**17**	**24**	

März
Wo	9	10	11	12	13
Mo		4	11	18	25
Di		5	12	19	26
Mi		6	13	20	27
Do		7	14	21	28
Fr	1	8	15	22	**29**
Sa	2	9	16	23	30
So	**3**	**10**	**17**	**24**	**31**

- 1. 1. Neujahr
- 6. 1. Epiphanias
- 13. 2. Aschermittwoch
- 29. 3. Karfreitag
- 31. 3./1. 4. Ostern

April
Wo	14	15	16	17	18
Mo	1	8	15	22	29
Di	2	9	16	23	30
Mi	3	10	17	24	
Do	4	11	18	25	
Fr	5	12	19	26	
Sa	6	13	20	27	
So	**7**	**14**	**21**	**28**	

Mai
Wo	18	19	20	21	22
Mo		6	13	**20**	27
Di		7	14	21	28
Mi	1	8	15	22	29
Do	2	**9**	16	23	**30**
Fr	3	10	17	24	31
Sa	4	11	18	25	
So	**5**	**12**	**19**	**26**	

Juni
Wo	22	23	24	25	26
Mo		3	10	**17**	24
Di		4	11·18	25	
Mi		5	12	19	26
Do		6	13	20	27
Fr		7	14	21	28
Sa	1	8	15	22	29
So	**2**	**9**	**16**	**23**	**30**

- 1. 5. Maifeiertag
- 9. 5. Christi Himmelfahrt
- 19./20. 5. Pfingsten
- 30. 5. Fronleichnam
- 17. 6. Gesetzlicher Feiertag

Juli
Wo	27	28	29	30	31
Mo	1	8	15	22	29
Di	2	9	16	23	30
Mi	3	10	17	24	31
Do	4	11	18	25	
Fr	5	12	19	26	
Sa	6	13	20	27	
So	**7**	**14**	**21**	**28**	

August
Wo	31	32	33	34	35
Mo		5	12	19	26
Di		6	13	20	27
Mi		7	14	21	28
Do	1	8	**15**	22	29
Fr	2	9	16	23	30
Sa	3	10	17	24	31
So		**4**	**11**	**18**	**25**

September
Wo	35	36	37	38	39	40
Mo		2	9	16	23	30
Di		3	10	17	24	
Mi		4	11	18	25	
Do		5	12	19	26	
Fr		6	13	20	27	
Sa		7	14	21	28	
So	**1**	**8**	**15**	**22**	**29**	

- 15. 8. Mariä Himmelfahrt

Oktober
Wo	40	41	42	43	44
Mo		7	14	21	28
Di	1	8	15	22	29
Mi	2	9	16	23	30
Do	3	10	17	24	31
Fr	4	11	18	25	
Sa	5	12	19	26	
So	**6**	**13**	**20**	**27**	

November
Wo	44	45	46	47	48
Mo		4	11	18	25
Di		5	12	19	26
Mi		6	13	**20**	27
Do		7	14	21	28
Fr	**1**	8	15	22	29
Sa	2	9	16	23	30
So	**3**	**10**	**17**	**24**	

Dezember
Wo	48	49	50	51	52	1
Mo		2	9	16	23	30
Di		3	10	17	24	31
Mi		4	11	18	**25**	
Do		5	12	19	**26**	
Fr		6	13	20	27	
Sa		7	14	21	28	
So	**1**	**8**	**15**	**22**	**29**	

- 31. 10. Reformationstag
- 1. 11. Allerheiligen
- 2. 11. Allerseelen
- 20. 11. Buß- und Bettag
- 24. 11. Totensonntag
- 1. 12. 1. Advent
- 25./26. 12. Weihnachten

Ihre Agenda „Artline" gefällt Ihnen!
Reservieren Sie sich rechtzeitig die neue Ausgabe für 1991.
Eine Postkarte genügt an Ihre Buchhandlung oder direkt an

Johann Heinrich Döll Verlag
Oberneulander Landstraße 185
2800 Bremen 33

Bestellen Sie „Artline" Agenda 1991

auch als Geschenk an Freunde und Geschäftspartner.

© Johann Heinrich Döll Verlag, Bremen
alle Rechte vorbehalten, Nachdruck verboten
ISBN 3–88808–061–4

Abb. Außentitel: Vincent van Gogh
„L' Arlésienne" (Mme Ginoux), 1888

Abb. 10. Woche: Alexej Jawlensky
Mädchen mit Pfingstrosen, 1909 (Ausschnitt),
101 x 75 cm, Öl auf Pappe auf Sperrholz,
Von der Heydt-Museum Wuppertal,
© 1989, Copyright by Cosmopress, Genf